novum premium

Gertrud Lahnsteiner

Wind weht überall

novum premium

Bibliografische Information
der Deutschen Nationalbibliothek:

Die Deutsche Nationalbibliothek
verzeichnet diese Publikation in
der Deutschen Nationalbibliografie.
Detaillierte bibliografische Daten
sind im Internet über
http://www.d-nb.de abrufbar.

ISBN 978-3-903067-72-1
Lektorat: Lucy Hase
Umschlagfoto: Jojjik | Dreamstime.com
Umschlaggestaltung, Layout & Satz:
novum Verlag

Gedruckt in der Europäischen Union
auf umweltfreundlichem, chlor- und
säurefrei gebleichtem Papier.

www.novumverlag.com

„Um klar zu sehen reicht oft ein Wechsel der Blickrichtung."

Antoine de Saint-Exupéry

Vorwort

Als ich vor mehr als zwei Jahrzehnten meinen Beruf als Lehrerin krankheitsbedingt aufgeben musste, suchte ich nach einer sinnvollen Beschäftigung, die meine Leere auszufüllen imstande war. Da meine Mobilität seit damals eingeschränkt ist und ich nicht wusste, wie weit sich mein Zustand verschlechtern würde, kam mir die Idee, mit dem Schreiben zu beginnen. Inzwischen hat sich eine große Zahl von Gedichten in Schriftsprache und Mundart angesammelt, dazu auch Kurzgeschichten und Abhandlungen zu verschiedenen Themen. Endlich entschloss ich mich, einen Teil meiner Gedichte in einem Buch zu veröffentlichen und so meine Gedanken weiterzugeben. Das Schreiben betrachtete ich oft als Alltags- und Krankheitsbewältigung und ich lernte, mit meinen Beeinträchtigungen zu leben und weiterhin an den Dingen teilhaben zu können, die mir wichtig waren und sind. Zu meinem Glück hatte ich die Unterstützung meiner ganzen Familie und Medikamente, die geeignet waren, meine Krankheit weitgehend zu stabilisieren, sodass ich Tätigkeiten, die mir etwas bedeuten, weiter ausüben kann. Vielleicht gelingt es, mit meinen Gedanken anderen Mut zu machen und sie auf die kleinen Dinge im Leben hinzuweisen, die oft übersehen werden. Ich lernte neue Sichtweisen des Daseins und manches veränderte sich für mich, und das war gut so.

Gertrud Lahnsteiner

Unterwegs

Ein ganzes Leben sind wir auf der Fahrt
auf breiten Straßen und auf schmalen Wegen,
an mancher Stelle wird auch mal verharrt,
solange wir auf Erden sind zugegen.

Wir sind auf dem Weg zu immer anderen Orten,
wer stehen bleibt, der kommt nicht gut voran,
wir streben fort in Taten und in Worten,
so manche Steigung führt recht steil bergan.

Auf dem Weg sind viele stets in fremde Länder,
in einem anderen Land ist vieles für uns neu,
die Leute tragen andere Gewänder,
in manchem Staat sind Menschen noch nicht frei.

Wir brechen oftmals auf zu fernen Zielen,
wenn sie auch unerreichbar anfangs für uns scheinen,
mit Zähigkeit und unbeugsamem Willen
kann ein sehr hohes Ziel die Kräfte in uns einen.

In neue Gegend will so mancher reisen
und kennenlernen Völker und Kultur,
auf jeder Reise wird es sich erweisen,
vergänglich sind der Mensch und die Natur.

Aus Tälern wandern wir zu sonnigen Höhen,
hoch oben ist der Alltag für uns weit,
auf Bergen, da erfahren wir trotz Mühen,
schön ist das Leben, auch in unserer Zeit.

Die Wege führen uns zu anderen Menschen,
wenn sie entgegenkommen, wird oft viel erreicht,
Beziehungen und Freundschaft wir uns wünschen,
doch die Begegnung ist nicht immer leicht.

Wir sollen immer wieder durch das ganze Leben
auch auf dem Wege zu uns selbst sein,
wer selbst sich findet, der kann anderen geben
und sich aus der Befangenheit befrei'n.

Stets unterwegs sein ist der Lauf der Zeit,
zum Teil kann jeder seinen Weg erwählen,
den anderen hält ein Geschick bereit,
geh voran, der Mut soll dir nicht fehlen.

Wege

Wege weisen durch die Lande,
sie durchziehen alle Welt,
knüpfen fester viele Bande,
jeder seinen Sinn erhält.

Wege führen über Felder,
zeigen uns der Pflanzen viele,
sie durchschlängeln auch die Wälder,
streben hin zu einem Ziele.

Wege bringen uns zu Leuten,
machen Kennenlernen möglich,
wenn wir freudig sie beschreiten,
machen Strecken sie erträglich.

Wege führen über Meere,
bringen uns den Berg hinan,
irrend ziehen wir die Lehre,
was ein Weg bedeuten kann.

Immer müssen wir entscheiden,
wählen mit geübtem Blick,
wenn den falschen wir beschreiten,
gibt es oftmals kein Zurück.

Wege sollen wir bereiten,
ebnen Berge und auch Gräben,
denn in unwegsamen Weiten
kann es keine Wege geben.

Menschen sollen Wege finden,
Brücken schlagen, wo es geht,
dass die Völker sie verbinden,
Einigkeit durch sie entsteht.

Wege können uns erfreuen,
sie bedeuten manchmal viel,
wenn den Gang wir nicht bereuen,
merken wir: Der Weg ist Ziel!

Verkehr

Immer stärker, immer mehr
wird seit Jahren der Verkehr.
Autos, Busse, Motorräder,
Fahrzeuge nützt fast ein jeder.

Mopeds, Fahrräder, Maschinen
auch den Menschen häufig dienen.
Fußgängern wird der Verkehr
immer noch gefährlicher.

Eine Straße überqueren
muss man schon die Kinder lehren.
Gehsteig, Ampel, Zebrastreifen,
ihren Schutz lerne begreifen!

Staus entstehen auf den Straßen,
die sich kaum noch regeln lassen,
alles ist komplett verparkt,
oft droht ein Verkehrsinfarkt.

Unfälle passieren täglich,
viele Fahrten enden kläglich,
Pannen gibt es immer wieder,
Einsätze für Ordnungshüter.

Smog droht vielen großen Städten,
Abgase zu viel sie hätten,
so ist es, wie man versteht,
keine Lebensqualität.

Regeln werden ignoriert,
Rücksichtslosigkeit regiert,
hohe Fahrgeschwindigkeiten
vermindern stets die Sicherheiten.

Aber trotz der schlimmen Lage
finden wir noch alle Tage,
sozusagen dort und hier,
einen Straßenkavalier.

Auf der Suche

Auf der Suche ist ein Mensch ein ganzes Leben,
Verschiedenes hofft er dadurch zu finden,
nicht immer wird Erfolg es dabei geben,
zu viele Hindernisse sind zu überwinden.

Die einen suchen eifrig nach der Wahrheit,
um unser Dasein besser zu durchschauen,
oft bringt das Wissen nicht gewünschte Klarheit,
und jeder Weisheit darf man nicht vertrauen.

So suchen Leute nach dem rechten Glauben,
sie wollen sich an Werten orientieren,
die Zuversicht soll jenen niemand rauben,
sie sollen ihre Hoffnung nicht verlieren.

Wir hoffen, Freude öfter mal zu finden,
Vergnügen möchten gerne wir erleben,
die Trübsal und die Trauer überwinden,
das werden ständig wieder wir erstreben.

Wir suchen Liebe und Geborgenheit,
bei Menschen, denen wir vertrauen können,
es ist nicht leicht, auch nicht zu unserer Zeit,
das zu bekommen, was wir längst ersehnen.

Auch Ruhm und Ehre sind gesuchte Ziele,
und einige wollen durchaus etwas gelten,
jedoch erreichen diese nicht so viele,
große Persönlichkeiten, die sind eher selten.

Gar viele Völker wünschen sich den Frieden,
nicht alle Menschen können ihn erreichen,
wo die Bereitschaft fehlt, da wird er nicht beschieden,
erstarrte Sinne sind schlecht zu erweichen.

Inständig suchen wir nach unserem Glück,
ein ganzes Leben lang wird es von uns erträumt,
Verlorenes kehrt nicht zu uns zurück,
es zu ergreifen wird so oft versäumt.

Auf unserer Wanderschaft wird nie die Suche enden,
von dem Gesuchten werden einiges wir finden,
nur selbst können wir das Schicksal wenden,
wenn Blindheit wir beim Suchen überwinden.

Wege bereiten

Das ganze Leben sollen Wege wir bereiten,
für uns, doch auch für manche anderen Leute,
und diese sollen tapfer wir beschreiten,
obwohl ein Weg uns manchmal schon gereute.

Sie sollen führen über Berge und durch Täler,
durch grüne Wälder und durch ödes Land,
bei Hindernissen werden einige schmäler,
so manche Straße Gräben überspannt.

Oft müssen Felsen abgetragen werden
und Senken ausgefüllt für eine Trasse,
wo Landschaften den Durchgang nicht gewährten,
führt längst durch wüste Gegend eine Straße.

Recht viele Wege bleiben immer steinig,
und an den Schuhen sammelt sich der Staub,
die Wegebauer sind sich oft nicht einig,
für Wünsche anderer stellen sie sich taub.

An jedem Wege lauern auch Gefahren,
durch Menschen und Gewalten der Natur,
und wenn auf Wegen zögernd wir verharren,
die Orientierung bringt uns auf die Spur.

Auf breiten Straßen gehen wir gemeinsam
mit Menschen, die uns unterwegs begleiten,
doch sind sehr enge Gassen meistens einsam,
durch Dunkelheit sie Ängste uns bereiten.

Lasst zu den Menschen Wege uns erbauen,
und nichts soll stören uns bei dieser Tat,
dann werden unser Ziel wir einstens schauen,
wie ein Prophet uns zugerufen hat.

Ein Menschheitstraum

Die Menschheit träumte stets vom Fliegen,
wir möchten frei wie Vögel sein,
die Welt soll uns zu Füßen liegen,
so scheint die Erde ziemlich klein.

Ganz hoch über der Erde schweben,
das wünschen wir, in frischer Luft,
wenn wir erträumen es, dann eben
meist wieder uns der Alltag ruft.

Wir bauen Flugzeuge, Ballone,
wir machen es den Vögeln nach,
doch ist das der Gefahr nicht ohne
und groß ist der Motoren Krach.

Der Fortschritt kennt sogar Raketen
und Sonden steuern durch das All,
der Mensch hat schon den Mond betreten,
verheerend ist ein Unglücksfall.

Die Wunder unserer Technik können
uns vor Gefahren wenig schützen,
und hoch in den Lüften wir erkennen,
beim Absturz können sie uns nicht viel nützen.

Beim Drachenfliegen imitiert
ein Mensch am ehesten die Natur,
dass es ein sicherer Flug auch wird,
helfen Können und die Thermik nur.

Zu fliegen ganz aus eigener Kraft,
zu tun es den Vögeln gleich,
das hat ein Mensch noch nie geschafft,
egal ob arm er oder reich.

Wir können in Gedanken fliegen,
dorthin, wo wir gern möchten eilen,
doch Flügel werden wir nie kriegen,
der Mensch soll auf dem Boden weilen.

Höhen und Tiefen

Im Leben geht es ständig auf und ab,
wir kennen Höhen und auch dunkle Tiefen,
von Gipfeln steigen wieder wir hinab,
aus Schluchten viele schon um Hilfe riefen.

Auf sonnigen Höhen möchten wir verweilen
und träumend in die weite Ferne schauen,
auch dort kann uns ein Niedergang ereilen,
dem blauen Himmel können wir nicht trauen.

Erhebend ist es, gipfelwärts zu stürmen,
aus Tälern voller Unrast und Gefahr,
wenn dunkle Wolken über uns sich türmen,
die Mühe manches Mal vergeblich war.

So manche von uns streben hoch hinaus,
die Größten werden wollen sie von allen,
der Traum von Größe ist gar schnell oft aus,
je höher oben, desto tiefer kannst du fallen.

In tiefen Regionen leben wir
oft lange Zeiten unseres kurzen Lebens,
nach oben öffnet sich uns keine Tür
trotz unseres steten Aufwärtsstrebens.

Wir sollen immer weiter vorwärts streben,
wer stehen bleibt, der fällt recht oft zurück,
durch Einsatz können Siege wir erleben,
und das Ergebnis bringt vielleicht ein Glück.

Kannst du vor dir die lichten Höhen sehen,
erreichbar, wenn auch in der Ferne,
wirst du des Lebens Tiefen überstehen,
du lebst, wie viele andere, sehr gerne.

Der Baum

Ein Baum begleitet durch das Jahr
in wechselhafter Zeit,
er ist nie, wie er gestern war,
er ändert stets sein Kleid.

Im Frühling lässt er Blätter sprießen,
im Sommer zeigt er grüne Pracht,
im Herbst die Früchte wir genießen,
im Winter deckt ihn Schnee ganz sacht.

Insekten suchen auf die Blüten,
sie laben sich an süßem Saft,
der Mensch soll einen Baum behüten,
in einem Baum steckt große Kraft.

Vor Sonne schützt er und vor Regen,
er spendet Kühlung uns durch Schatten,
die Äste sich im Wind bewegen,
darunter liegen kühle Matten.

Verliert er dann im Herbst die Blätter,
klingt wiederum sein Wachstum aus,
doch nur wenige Wochen später
wurde aus den Blättern Humus draus.

Im Winter, wenn er weiß sich zeigt,
es knistert in den Zweigen,
die weiße Last die Äste neigt,
der Kälte sie sich beugen.

Herrlich ist er zur Frühlingszeit,
wenn ihn die Sonne weckt,
zum Wachstum nun erneut bereit,
von Knospen bald bedeckt.

Er ist Symbol der Sicherheit,
er bleibt an seinem Ort,
es steht für ihn nicht still die Zeit,
denn er wächst immerfort.

Ein Baum wird viele Jahre alt,
wenn nichts sein Wachstum stört,
im Garten oder auch im Wald,
wo ihn der Boden nährt.

Es ziehen Unwetter hinweg
wohl über seine Krone,
doch er erfüllt stets einen Zweck,
hier wie in and'rer Zone.

Dort suchen Unterschlupf die Tiere
und Vögel nisten unterm Laub,
er dämpft des Lärms lautes Gewirre
und schützt uns vor der Straßen Staub.

Recht schnell ist ein Baum umgesägt,
nur langsam wird er groß,
vom Lauf der Zeit steht unbewegt
er, Wind bewegt ihn bloß.

In jedem Baum können wir sehen
ein Stück von der Natur,
um immer besser zu verstehen,
dass wir vergänglich nur.

Wir sollen tapfer sein wie Bäume,
zu wehren Wetter und den Wind,
verwirklichen der Menschheit Träume,
soweit sie von uns machbar sind.

Blumenwiesen

Im Monat Mai sind grün die Wiesen
und bunt sind ihre Blumen,
die Gräser immer höher sprießen,
Insekten 'zwischen summen.

Vielfältig sind der Blumen Arten,
sie leuchten rot, gelb, weiß und blau,
sowohl am Feld wie auch im Garten
sind sie am Morgen frisch vom Tau.

Der Mensch soll sorgsam sie erhalten,
nicht stören ihres Wachstums Walten,
wir dürfen sie nicht sorglos pflücken,
dann werden viele sie entzücken.

Bald ist es Zeit, sie abzuheuen,
wobei sie ihre Samen streuen,
so sorgt von selbst ja die Natur
für Blumen in der Zukunft vor.

Die Freude über Blumenwiesen
können wir jedes Jahr genießen,
doch endet schließlich erst der Mai,
ist diese Schönheit bald vorbei.

Die Wiesen liegen kahl gemäht
und zwischen kurzen Halmen späht
heraus nur Gras in dunklem Grün,
die Pracht des Frühlings ist dahin.

Wenn lange sie uns auch verwehrt,
wir wissen, dass sie wiederkehrt,
mit neuer Hoffnung, neuem Leben,
dann wird es wieder Blumen geben.

Tagesanbruch

Immer, wenn ein Tag anbricht,
gibt es wieder neues Licht,
und zur Helligkeit gelangen
wir, die wir von Nacht umfangen.

Froh begrüßen wir den Morgen,
sehen Dinge, die verborgen,
als es ringsum dunkel war,
jetzt wird uns so manches klar.

Schon die Dämmerung allein
sagt uns, bald wird Tag es sein,
er ist nicht mehr aufzuhalten,
Leben kann sich frei entfalten.

Mensch und Tier erwachen dann neu
aus dem finsteren Einerlei,
einen neuen Tag zu wagen,
ohne Bangen, Furcht und Zagen.

Kühle, frische Morgenluft
wach uns unsere Sinne ruft,
und mit Freude kann gelingen,
was der neue Tag wird bringen.

Denn an neuen Tagen oft
trifft uns Neues unverhofft,
jeder Tag ist ein Gewinn,
vielleicht sogar ein Neubeginn.

Wanderschaft

Unser Leben ist ein Wandern
immerfort zu neuen Zielen,
unterwegs mit vielen andern
wir verschiedene Rollen spielen.

Blumen blüh'n am Wegesrand,
Wasser uns begleiten,
manchmal sehen wir nur Sand,
ungleich sind die Zeiten.

Mitten unterm Vorwärtsstreben
blicken wir auch gern zurück,
überall in unserem Leben
finden ab und zu wir Glück.

Auf der großen Wanderschaft
machen wir verdiente Rast,
und auf weitere Etappen
werden wir gefasst.

Irgendwann auf unserer Reise
werden Wege ziemlich schmal,
es verstummt die schönste Weise,
Blätter werden fahl.

Keiner weiß, wohin der Weg
ihn am Ende weist,
in der Not manch schmaler Steg
Hoffnung uns verheißt.

Oft erstreckt sich unser Pfad
meilenweit im Dunkeln,
Lügen gibt es, Mord, Verrat,
doch die Sterne funkeln.

Steil bergan, das fällt uns schwer,
Felsen ragen auf,
Durst und Hitze plagen uns sehr
stark im Tageslauf.

Einmal geht der Weg zu Ende,
einst am letzten Tag,
und der allerletzten Wende
nie ein Mensch entrinnen mag.

Trockene Zeit

Nach jeder langen Trockenheit,
da sehnt man sich nach Regen,
der uns ansonsten wenig freut,
wird manchmal uns zum Segen.

Die durstigen Gräser werden fahl,
die Blätter welken vor der Zeit,
der grünen Pflanzen große Zahl
zum Sterben ist verfrüht bereit.

Der Fluss führt wenig Wasser nur
und trocken ist der Grund,
es lechzt nach Wasser die Natur,
denn durstig ist ihr Schlund.

Die Tiere an der Wasserstelle,
sie laben sich am kühlen Nass,
versiegt ist jedoch manche Quelle
und leer das Regenfass.

In tiefem Blau zeigt ohne End'
an heißen Sommertagen
sich wolkenlos das Firmament,
vor Hitze wir verzagen.

Wir Menschen hoffen, dass uns bald
ein Tag den Regen bringt,
dass er bald wieder Wald und Feld
mit seinem Nass durchdringt.

Waldbrand

Aus morschem Reisig steigt der Rauch,
getragen von des Windes Hauch,
vernebelt er im Wald die Sicht,
verdüstert wird das Tageslicht.

Im dürren Laub glost schon der Brand
pflanzt fort sich an des Waldes Rand,
die Menschen schauen machtlos nur
zu dem Walten zu der Natur.

Inzwischen lodern Flammen auf,
bis in die Wipfel gar hinauf,
die Feuerwehr hat schnell erkannt,
schwer zu bekämpfen ist der Brand.

Den Berg hinan er schreitet fort,
Alarm herrscht schon im ganzen Ort,
der Qualm erschwert den Einsatz weit
und Brandgeruch macht sich schon breit.

Die Tiere flüchten vor dem Feuer,
dem wutentbrannten Ungeheuer,
die Vögel fliehen wie Geschosse
und viele werden Heimatlose.

Aus vielen Schläuchen strömt das Nass
auf Bäume und das welke Gras,
doch trägt der Wind die Funken fort,
Glutnester schwelen bald hier, bald dort.

Schon brennt der Wald am ganzen Hang,
was zu verhindern nicht gelang,
den Hubschrauber daher man ruft,
das Wasser kommt nun aus der Luft.

In vielen Flügen bringt er nun
das Wasser her, ohne zu ruh'n,
erreicht im schwierigen Gelände
mehr als der Menschen rege Hände.

Nach Tagen ist der Spuk vorbei,
die Menschen atmen wieder frei,
das Feuer macht jetzt nicht mehr bange,
doch seine Spuren bleiben lange.

Die Herbstzeitlose

Auf abgemähten, kahlen Wiesen
blüht eine Blume ganz allein,
der Herbst lässt damit freundlich grüßen,
auch er wird bald zu Ende sein.

Ein lila Kelch, die Herbstzeitlose,
erwacht, wenn andere Blumen sterben,
und bald wird auch die letzte Rose
im Nebel welken und verderben.

Beachtung findet sie fast nie,
auch ist sie giftig, wie wir wissen,
so meiden sie meist Mensch und Vieh,
den Anblick können wir genießen.

In aller Stille, ganz bescheiden,
so blüht sie bis zum ersten Frost,
dann wird auch sie den Tod erleiden,
der Abschied kennt nur wenig Trost.

Sie misst sich nicht mit anderen Blumen,
blüht einsam und vergeht allein,
es wird auch kein Insektensummen
ihr Schlummerliedchen sein.

Ist sie verwelkt, dann deckt mit Güte
sie zu der erste Schnee,
wenn alle Pflanzen werden müde,
sagt uns der Herbst „Ade!"

Es künden uns die Herbstzeitlosen,
das Jahr geht schnell zu Ende,
ist es auch noch nicht ganz verflossen,
bald kommt die Jahreswende.

Bunte Blätter

Bunte Blätter hängen an den Bäumen,
farbenfroh uns leuchtet die Natur,
aus ist es mit frohen Sommerträumen,
solche Schönheit bleibt ein Weilchen nur.

Bunte Blätter schweben durch die Lüfte,
fallen mutlos dann zur kühlen Erde,
aus den Gärten strömen Erntedüfte,
auf den Wiesen grast noch manche Herde.

Bunte Blätter liegen auf der Straße,
Winde treiben weithin sie durchs Land,
bunte Sträuße schmücken manche Vase,
sattes Grün ein jähes Ende fand.

Bunte Blätter schwimmen auf dem Fluss,
von der Strömung werden sie getragen,
wenn der Sommer Abschied nehmen muss,
brauchen wir deshalb nicht zu verzagen.

Bunte Blätter fallen still und leise,
oder tanzen zu des Sturmes Brausen,
gehen mit dem Winde auf die Reise,
Frost und Kälte werden bei uns hausen.

Bunte Blätter können uns entzücken,
froh sind ihre Farben, wie gemalt,
immer, wenn wir farbiges Laub erblicken,
fängt das Sterben an in Feld und Wald.

Bunte Blätter welken bald dahin,
dringen müde in den Schoß der Erde,
jedes Blatt hat einen tiefen Sinn,
sein Ziel ist, dass es Humus werde.

Einbahn

Viele Wege kennen kein Zurück,
einmal begonnen musst du vorwärts streben,
vielleicht beschert das Weiterschreiten Glück,
der Einbahn gleicht oft unser ganzes Leben.

Wir können ab und zu die Richtung ändern,
links oder rechts, hinauf oder hinab,
es zeigt das Schicksal an des Weges Rändern
viel Schönes, aber manchmal auch ein Grab.

Wir können stehen bleiben, um uns auszuruh'n,
doch unsere Lebensuhr läuft ständig weiter,
oft wird es eng und es gibt viel zu tun,
Erfolg macht unsere Straße wieder breiter.

Es ist uns Menschen keine Umkehr möglich,
ein Blick zurück ist alles, was wir haben,
ein Stück des Weges schaffen wir tagtäglich,
an klaren Quellen dürfen wir uns laben.

Auf unserer Straße durch die Lebenszeit
werden wir müde, krank und müssen rasten,
zum Weiterwandern bleiben wir bereit,
beschwerlich wird oft unser Weiterhasten.

Auch wenn der Weg uns nur nach vorne weist,
es mangelt uns nicht an Gelegenheiten,
und jeder, der in wachem Zustand reist,
erkennt den Sinn der Wirklichkeit beizeiten.

Ernte

Früchte schenkt der Herbst in reicher Fülle,
ernten dürfen wir das, was gedieh,
wenig Einfluss hat des Menschen Wille,
die Natur sie gnädig uns verlieh.

Früchte tragen die Arbeit und der Fleiß,
unserer Hände Werke bringen Lohn,
jede reife Frucht hat ihren Preis,
Menschen leben und ernähren sich davon.

Früchte tragen unsere Gedanken,
mit dem Fortschritt werden reichlich wir belohnt,
wenn auch die Erfolge ständig schwanken,
große Macht dem Denken innewohnt.

Früchte bringen Liebe uns und Güte,
sie sind eine ungeheure Kraft,
wer sich tapfer um Erfolg bemühte,
hat schon gute Ernten oft geschafft.

Früchte tragen Verzweiflung und das Leid,
wer das Beste daraus macht, erntet den Sieg,
niemand von uns ist davor gefeit,
überwunden werden kann sogar ein Krieg.

Ernten dürfen Früchte wir des Lebens,
irgendwann wird reif auch unsere Saat,
was wir pflanzten, ist niemals vergebens,
jede Handlung Sinn und Zukunft hat.

Berge, Sinnbilder des Lebens

Berge sind Ausdruck von Stärke,
von Widerstandskraft und von Macht,
nie hat ein Mensch solche Werke
von sich aus zustande gebracht.

Berge mahnen zur Treue,
über die Zeiten erhaben
stärken sie uns oft aufs Neue,
vielen sie Zuversicht gaben.

Berge verlocken durch Schönheit,
zieren das Land, das sie birgt,
haben seit grauester Vorzeit
ständig auf Menschen gewirkt.

Berge bedeuten Gefahren,
schroff sind die Felsen und steil,
stets sie in Schweigen verharren,
weisen die Richtung zum Heil.

Berge zeigen nach oben,
lassen die Tiefen verblassen,
dann, wenn die Stürme wild toben,
sollst du den Weg nicht verlassen.

Berge künden von Freisein,
trotzen den Wolken, dem Wind,
Ruhe bringt uns das Alleinsein,
wenn auf dem Gipfel wir sind.

Unser Leben – ein Advent

Noch immer warten Menschen auf Erlösung,
bei hellem Tag sowie in dunkler Nacht,
zu jeder Stunde harren Kranke der Genesung,
ein kleines Licht die Hoffnung neu entfacht.

Gar häufig träumen wir vom großen Glück,
das auf uns wartet in der Zeiten Ferne,
wir hoffen, dass wir wenigstens ein Stück
davon erreichen, denn uns leuchten Sterne.

Wir sehnen uns nach sonnigeren Weiten,
wir wissen, dass das Licht uns einst erreicht,
wir dürfen auf den Tag uns vorbereiten,
da unsere Erde einem Himmel gleicht.

Wir warten immerzu, in jedem Jahr,
dass sich der Ablauf unserer Zeit erfüllt,
dass das, was lange uns verborgen war,
sich unserem Auge irgendwann enthüllt.

Das ganze Leben ist für uns Advent,
es ist ein Warten auf ein Ziel der Zeit,
solange noch ein Licht der Hoffnung brennt,
ist Weihnachten für uns gar nicht mehr weit.

Es strahlt ein Licht

Es wacht ein gütiges Licht zu jeder Zeit,
sogar in allerärgster Dunkelheit,
wir können manchmal seine Strahlen fühlen,
wenn dichte Nebel seinen Schein verhüllen.

Es leuchtet immer irgendwo ein Stern,
vielleicht verborgen und unendlich fern,
wenn eine dunkle Wolke ihn verdeckt,
sein Glanz hat jedoch Schläfer schon geweckt.

Es lodert ständig irgendwo ein Feuer,
uns Menschen ist sein Anblick nicht geheuer,
es kann zerstören, aber doch allein,
es will auch oft der Liebe Zeichen sein.

Es brennen immer wieder viele Kerzen,
und ihre Wärme dringt in kalte Herzen,
wir sollen bei der Lichter hellem Schein
bereit zur Umkehr aus dem Dunkel sein.

Es leuchtet irgendwann erneut ein Licht,
denn Dunkelheit für immer gibt es nicht,
beim Wandeln auf manch unwegsamem Grat
zeigt uns ein Lichtstrahl hilfreich einen Pfad.

Es wird die Sonne wieder hell uns lachen
und neues Leben durch ihr Licht entfachen,
wenn wir entflohen aus der düsteren Nacht,
hat jeder Morgen einen Anfang uns gebracht.

Ein Licht im Dunkel

Wir sehen ein Licht,
es leuchtet weit.
Wir zagen nicht,
schnell eilt die Zeit!

Hell glänzt ein Stern
in dunkler Nacht,
bei Nah und Fern
die Liebe wacht.

Die Glocken läuten
und Lieder klingen,
wenn Engel beizeiten
uns Botschaft bringen.

Weisen laut tönen
durchs weite Land,
und Menschen versöhnen
sich in fremdem Land.

Die fröhliche Kunde
eilt durch die Welt,
zu später Stunde
wird sie uns erzählt.

Die himmlischen Weiten
tun sich uns auf,
bald friedvolle Zeiten
ziehen siegreich herauf.

Ein göttliches Walten
lenkt unser Geschick,
es lässt uns gestalten
das eigene Glück.

Nun freut euch alle,
dass Erlösung geschah,
im ärmlichen Stalle
sprach Gott einst Sein „Ja“!

Jahresanfang

Ein neues Jahr hat wiederum begonnen,
mit Hoffnung und mit Bangigkeit erwartet,
des alten Jahres Tage sind verronnen,
gleich wie im Fluge glitt für uns die Zeit.

Zu Mitternacht erinnerte Geläute
uns daran, dass wir ständig älter werden,
geliehen ist uns nur das Hier und Heute,
denn jeder von uns ist nur Gast auf Erden.

Einst zogen Völker über den Planeten,
der ihre Heimat war genau wie unsere auch,
die Macht ergreifend sie ein Land betreten,
Kulturen schwanden hin wie Schall und Rauch.

Das Jahr beginnt mit Donner der Raketen,
wir wünschen Glück einander, das ist Brauch,
vom Frieden hört man viele Leute reden,
doch Friede braucht stets guten Willen auch.

Ein neues Jahr beflügelt unsere Sinne,
es weckt Erwartungen, verspricht uns bessere Zeiten,
es bringt Verluste, aber auch Gewinne,
das Glück, das müssen selbst uns wir bereiten.

Jahreswechselpessimismus

Wieder ist ein Jahr entschwunden,
niemals kehrt es uns zurück,
schöne sowie schwere Stunden
eilten mit dem Augenblick.

Vielerlei ging uns zu Ende,
anderes erbot sich neu,
regsam waren unsere Hände,
manches Glück brach uns entzwei.

Hoffnung winkte, aber leider
wurde sie oft nicht erfüllt,
unser Himmel war zwar heiter,
doch die Sehnsucht ungestillt.

Krankheit gab es, Katastrophen
machten vieler Leben schwer,
und vergebens war das Hoffen,
denn es nützte oft nicht mehr.

Leid und Krieg erlebten viele,
Hungersnöte kamen immer,
oftmals fehlte guter Wille,
aus Ruinen wurden Trümmer.

Hochmut, Zweifel, Missverstehen,
sie beherrschten dunkle Stunden,
eigene Wege zu begehen
haben wenige gefunden.

Trübe Aussicht zeigt die Wende,
dennoch wird es weitergehen,
denn an jedem Jahresende
lässt das Schicksal Licht uns sehen!

Fragen

Fragen, Fragen über Fragen,
jederzeit in allen Lagen,
ständig lauern sie uns auf,
überall im Tageslauf.

Oft die Antwort ist nicht leicht,
ja und nein, gewiss, vielleicht,
die Entscheidung fällt uns schwer,
Zweifel hindern uns so sehr.

Fragen kommen alle Tage,
wie sie lösen, ist die Frage,
weil wir, wie wir alle wissen,
eine Antwort finden müssen.

Lösungen finden wir viele,
doch nicht jede führt zum Ziele,
meistens ist nur eine richtig,
sie zu wählen ist sehr wichtig.

Alsdann werden Prüfungsfragen
für die Schüler leicht zu Plagen,
falsche Antwort bringt Debakel,
kein Verlass ist auf Orakel.

Trotzdem dürfen über Fragen
wir uns eher nicht beklagen,
denn wo Fragen stehen offen,
können wir auf Chancen hoffen.

Neubeginne

Vor Wochen schon begann ein neues Jahr,
Erwartung hat es anfangs uns gegeben,
doch ist noch alles, wie es früher war,
kein Datum ändert eines Menschen Leben.

Bleibt auch der Alltag monoton und gleich,
Veränderungen bringt er jederzeit,
es werden Reiche arm und Arme reich
und Möglichkeiten liegen stets bereit.

Nie sicher ist die Welt vor Katastrophen,
gar Wunderbares trifft oft bei uns ein,
oft stehen Türen überall uns offen,
doch manches Tor kann uns verschlossen sein.

Wir dürfen uns nicht auf das Glück verlassen,
die Arbeit schenkt Zufriedenheit und Lohn,
den Sinn des Daseins gilt es zu erfassen,
Erfolg gibt Hoffnung, gerne träumen wir davon.

Wir sollen von der Zukunft nichts erwarten,
es kann von sich aus jeder vorwärts streben,
vergleichen wir die Zeit mit einem Garten,
da regt sich immer wieder neues Leben.

Ein Jahr bringt immer wieder uns Erfüllung,
Enttäuschung, Krankheit, aber auch viel Freude,
Geheimnisse, die harren auf Enthüllung,
in Ungewissheit leben alle Leute.

Wir brauchen nicht auf bessere Zeiten hoffen,
ein jeder Tag ist für uns ein Geschenk,
das Schicksal lässt uns Möglichkeiten offen,
auch wenn es uns und unsere Bahnen lenkt.

Ein neues Jahr kann jederzeit beginnen,
wann immer neue Wege wir beschreiten,
wo Menschen sich auf Neues neu besinnen,
nachdem sie sich vom alten Zwang befreiten.

Jeder Augenblick kann unser Leben ändern,
das dürfen immer wieder wir bedenken,
wir sind Gefangene in unsichtbaren Bändern,
die Zukunft kann uns trotzdem Freiheit schenken.

Konkurrenz

Konkurrenz macht alle zu Rivalen,
schöner, reicher, stärker will man sein,
mag es uns selbst gar nicht recht gefallen,
Erster ist nur einer ganz allein.

Autofahrer streiten um den Vorrang,
Sportler wollen andere besiegen,
ungerecht ist meistens jener Vorgang,
wie die Starken Schwache unterkriegen.

Völker führen miteinander Krieg,
unter Nachbarn gibt es schlimme Fehden,
wer nicht kämpft, der erntet keinen Sieg,
und ein harter Kampf, der fordert jeden.

Zwischen Mitarbeitern gibt es Reibereien,
Hindernisse auf dem Weg nach oben,
nichts soll dem Erfolg im Wege sein,
jeder lässt vom Chef sich gerne loben.

Freunde werden gar zu Konkurrenten,
im Beruf, im Sport und in der Liebe,
Freundschaft kann leicht in Enttäuschung enden,
im Konkurs so mancherlei Betriebe.

Unternehmern nützt kein Zögern und kein Zagen,
denn die Konkurrenz wacht alle Tage,
hohen Einsatz gilt es stets zu wagen
und zu lernen aus der Niederlage.

Auch Geschwister kennen Rivalität,
Kinder wollen Eltern überflügeln,
Zwietracht wird zu jeder Zeit gesät,
Neid und Missmut sind nur schwer zu zügeln.

Einem Wettlauf gleicht ein Menschenleben,
mit den anderen und auch mit den Jahren,
kann es gleich nicht immer Siege geben,
Fortschritt können täglich wir erfahren.

Warten auf neues Werden

Milder, heller Sonnenschein
sagt uns: „Bald wird Ostern sein!“
Nach des Winters finsterer Nacht
wird das Leben neu entfacht.

Auferstehung wir bald wahr,
freudig wie in jedem Jahr,
froh erwarten wir das Fest,
das uns Menschen hoffen lässt.

Freundlich grüßt uns die Natur,
ist sie doch ein Abbild nur,
Sinnbild, der Erlösung Zeichen,
wenn die Dunkelheit muss weichen.

Blumen schlummern noch im Garten,
wo sie still die Zeit erwarten,
bis die Sonne sie entdeckt
und zu neuem Leben weckt.

Tiere sind vom Schlaf erwacht,
denn der Frühling kommt mit Macht,
an den warmen, sonnigen Tagen,
wächst die Hoffnung, schwindet Zagen.

Menschen fassen neuen Mut,
irgendwann wird alles gut,
denn auf jeden warten Freude
und Erlösung von dem Leide.

Jeder spürt das Frühlingswehen,
Auferstehung ist geschehen,
Schritt für Schritt gibt es auf Erden
immer wieder neues Werden.

Sehnsucht nach Weite

Einmal noch auf einem Gipfel stehen,
unter mir die Nebelschwaden sehen,
mit den Wolken in die Ferne eilen,
still auf einer sonnigen Höhe weilen,
wo die Alpenblumen weithin glänzen,
weit entfernt sind meines Alltags Grenzen.

Wo die Abendsonne Ruhe spendet,
jeder Tag in stillem Frieden endet,
wo die Nächte kühl, die Sterne klar,
wo noch Ruhe waltet Jahr für Jahr,
kann der Wanderer noch glücklich sein,
sich am Schauspiel der Natur erfreu'n.

Dort darf jeder Mensch sein Leid vergessen
und mit neuem Maß sein Leben messen,
still, beim Anblick der Gestirne Bahnen
kann die Ewigkeit er stumm erahnen,
darum möchte ich im Windeswehen
einmal noch auf einem Berge stehen.

Jeden Augenblick will ich genießen,
satt mich seh'n an saftig grünen Wiesen,
mich erfreuen an der Schöpfung Pracht,
die Unzählige hat froh gemacht,
wo viel leichter wird ein müder Sinn,
dort ist jeder Augenblick Gewinn.

Auferstehung aus dem Alltag

Ich möchte jeden Tag von Neuem auferstehen
aus Mühsal und des Lebens dunklen Stunden,
zu jeder Zeit am Horizont ein Lichtlein sehen,
wenn jede Hoffnung scheint für mich entschwunden,
dass ich nach Leid und meines Alltags Sorgen,
wenn Ängste mich und arge Zweifel plagen,
doch stets bereit bin für den nächsten Morgen,
getrost mein Leben immer neu zu wagen.

Das Leben jedes Menschen kennt das Leid,
bringt Freude mit sich, doch auch schwere Sorgen,
es blüht uns oft das Glück, es eilt die Zeit,
wir denken manchmal zagend an das Morgen,
es quält die Krankheit uns, das Unheil lauert,
wir können unserem Schicksal kaum entrinnen,
doch wer ein Unglück standhaft überdauert,
darf auch nach schweren Zeiten wieder neu beginnen.

Das Alter kommt, des Menschen Kräfte schwinden,
vorbei sind schnell die allerschönsten Jahre,
viel Schweres gibt es oft zu überwinden,
und grauer werden ständig unsere Haare,
sein eigenes Leid und Sorgen hat ein jeder,
und schwer ist ein Geschick oft zu ertragen,
doch irgendwann, ob früher oder später,
darf trotzdem jeder einen Aufbruch wagen.

Die Erde ist erfüllt von schwerem Leid,
es bleibt vor unseren Augen viel verborgen,
und nicht nach jeder Leidenszeit
folgt strahlend hell ein Ostermorgen!

Abschied ein Leben lang

Schöne Tage kommen immer wieder,
sei nicht traurig, wenn sie sind vorbei,
immer wieder klingen Frühlingslieder,
und auf jeden Winter folgt ein Mai.

Sonnige Zeiten gehen schnell zu Ende,
wenn der Wind uns düstere Wolken bringt,
es gibt immer wieder eine Wende,
neuer Mut in unser Leben dringt.

Frohe Stunden kehren nicht zurück,
immer wieder quälen neue Sorgen,
nütze jeden heiteren Augenblick,
sei bereit für einen neuen Morgen.

Jedes Jahr vergeht uns wie im Flug,
leider können wir die Zeit nicht halten,
viel zu früh fährt oft der letzte Zug,
sinnvoll lasst das Leben uns gestalten!

Erfreuliche Aussichten

Bunte Blumen werden blühen,
wenn die Morgennebel fliehen
und die Sonne wieder lacht,
nach der langen, kalten Nacht.

Emsige Bienen werden summen,
Käfer wieder munter brummen,
was uns lange Zeit verborgen,
rüstet sich zum neuen Morgen.

Junges Grün wird uns entzücken,
Chancen werden wir erblicken,
Freiheit haben wir gewonnen,
wenn der Winterschnee zerronnen.

Blätter werden Schatten spenden,
Wasser wird den Durst beenden,
Rosen bringen uns zum Träumen,
die bald unsere Wege säumen.

Hoffnung wird es wieder geben,
Freude dringt in unser Leben,
Liebe wird uns neu beglücken,
aus dem Alltag uns entrücken.

Blauer wird das Firmament,
das nur wenige Wolken kennt,
es erfrischt uns sanfter Wind,
und die Lüfte werden lind.

Stärker wird der Lebensmut,
es wird alles wieder gut,
alles, was im Schlummer lag,
dringt jetzt stürmisch an den Tag.

Fröhlich werden wir beginnen,
allem Übel zu entrinnen,
alles strebt zu einem Ziel,
siegen kann nur der, der will!

Die Lebensuhr

Die Uhr läuft nicht zurück,
die Zeit steht niemals still,
ein kurzer Augenblick
bedeutet oft sehr viel.

Ein Tag geht rasch zur Neige,
die Stunden eilen fort,
aus Trieben werden Zweige,
nur flüchtig ist ein Wort.

Gestirne, sie verglühen,
das Meer verschlingt das Land,
die Wolken eilig ziehen,
die Spur verweht im Sand.

Das Glück lacht uns nur flüchtig,
das Schöne geht zu Ende,
Erfolge werden nichtig
und brüchig starke Wände.

Die schönsten Blüten welken,
der Wind spielt mit dem Laub,
ob Rosen oder Nelken,
sie alle werden Staub.

Kurz ist ein Menschenleben,
ein Funke rasch verglüht,
die Erde kann erbeben,
viel Trauriges geschieht.

Die Zeiten schreiten weiter
und machen vieles neu,
die Sehnsucht ist Begleiter,
die Liebe macht uns frei.

Tunnel

Ahnungslos tritt jeder ein,
wagt den ungewissen Gang,
was wird dann am Ende sein,
manche Tunnel sind sehr lang.

Kurze Tunnel sind zwar heller,
und der Weg ist nicht so weit,
doch der Ausgang kommt viel schneller,
kurz ist nur die Durchgangszeit.

Tunnel dienen dem Verkehr,
bergen Straßen, leiten Bahnen,
versprechen für Sicherheit Gewähr,
trotzdem sie zur Vorsicht mahnen.

Es birgt jedes dunkle Loch,
das uns ängstlich macht, beklommen,
mancherlei Gefahren doch,
klare Sicht ist uns genommen.

Schlechte Luft und düsteres Licht
lassen sie uns schnell durcheilen,
Vorsicht ist dabei uns Pflicht,
keine Zeit ist zum Verweilen.

Viele bringen Tunnelstraßen
schnell und sicher an ein Ziel,
Hoffnung darf den nicht verlassen,
der ans andere Ende will!

Sehnsucht

Ich möchte reisen in die weite Welt,
in warme Länder und in kalte Zonen,
und dort verweilen, wo es mir gefällt,
doch nachher wieder in der Heimat wohnen.

Erhabene Berge möchte ich bezwingen,
wo die Natur noch unberührt und rein,
und neue Kraft in dunkle Täler bringen,
auf einem Gipfel einmal glücklich sein.

Ich möchte über weite Meere gleiten
und trotzen jedem Wetter, Sturm und Wind,
entfliehen in noch unbekannte Weiten,
erleben, dass das Gute einst gewinnt.

Ich möchte in die Lüfte mich erheben,
um frei zu sein für viele neue Taten,
aufwärts und vorwärts immer streben,
Geheimnisse der Schöpfung zu erraten.

Ich möchte gerne Grenzen überschreiten,
um Unbekanntes, Neues zu erfahren,
die Freude möge ständig mich begleiten,
in trüben Zeiten wie in sonnenklaren.

Ich möchte durch die grünen Wälder streifen
und reisen mit den allerlängsten Bahnen,
den Sinn des Daseins und der Wirklichkeit begreifen,
das Ausmaß der Unendlichkeit erahnen.

Ich möchte Unbegreifliches erfassen
und Sinn und Ziel der Wirklichkeit ergründen
und auf des Lebens unbekannten Straßen
am Ende endlich zu mir selbsteinst finden!

Pflichten

Jeder Mensch hat seine Pflichten
und die soll er auch verrichten,
denn es wird im Menschenleben
immer wieder Pflichten geben.

Im Betrieb und auch zu Hause,
bei der Arbeit, in der Pause,
in der Freizeit, im Verkehr,
Pflichten werden ständig mehr.

Wenn wir eine Pflicht versäumen,
statt der Arbeit einfach träumen,
schnell holt oft die Pflicht uns ein,
rät uns, pflichtbewusst zu sein.

Pflichten werden gern vergessen,
Pflichten sind schwer zu ermessen,
überall und jederzeit
stehen Pflichten uns bereit.

Pflichten werden oft zur Last,
mancher seine Pflichten hasst,
Pflichten können Freude sein,
bringen Lob und Geld uns ein.

Manchmal möchten wir auf Pflichten
gut und gerne auch verzichten,
es wird sie zwar immer geben,
doch sie allein sind nicht das Leben!

Wind weht überall

Wind vertreibt die Regenwolken,
macht den Himmel blau,
schöne, heitere Zeiten folgen,
und die Luft wird lau.

Wind peitscht große Wassermassen
stürmisch an das Land,
er durchfegt die engsten Gassen,
häuft zu Dünen Sand.

Wind beugt starker Bäume Wipfel,
raschelt sanft im Laub,
er umbraust der Berge Gipfel,
wirbelt auf viel Staub.

Wind weht über weite Meere,
kühlt das ewige Eis,
er bläst durch der Wüsten Leere,
ungebändigt, heiß.

Wind macht nasse Wäsche trocken,
lässt die Räder kreisen,
er kann viele Menschen locken,
so wie er zu reisen.

Wind kann oft auch Bäume fällen,
Häuser gar zerstören,
Schiffe kentern in den Wellen,
weit ist er zu hören.

Wind kennt Kälte und kennt Wärme,
sieht die ganze Erde,
mit ihm ziehen Vogelschwärme,
er ist ein Gefährte.

Keiner hat es noch geschafft,
seine Kraft zu mindern,
ungebrochen ist die Kraft,
er ist nicht zu hindern.

Wind weht immer, wo er will,
jedem wohlbekannt,
er hat kein bestimmtes Ziel,
ihn kennt jedes Land.

Lassen wir vom Wind uns treiben,
so wie Wolken reisen,
weiterhin wir selbstdoch bleiben,
Mut und Kraft beweisen!

Hoch oben

Oft möchte ich auf hohen Bergen stehen
und unsere schöne Welt von oben sehen,
dort staunend blicken in die weite Ferne,
bei Nacht dann über mir ganz nah die Sterne.

Ich möchte dann hoch oben weiter wandern
von einem Gipfel noch zu vielen andern,
die Ruhe und die reine Luft genießen,
wo Bächlein über steile Hänge fließen.

Auf grünen Matten möchte ich verweilen,
wo Wolken mit dem Wind vorüber eilen,
die Alpenblumen ihre Pracht entfalten,
dort kann das Leben neuen Sinn erhalten.

Wenn unter mir im Tal die Nebel hocken,
da kann die Sehnsucht mich zu sonnigen Höhen locken,
der Enge und den Grenzen zu entkommen,
hat mancher einen steilen Weg genommen.

Beglückend ist, auf einem Berg zu stehen,
die Sonne auf- und untergehen sehen,
doch keiner kann auf einem Gipfel bleiben,
es werden Pflichten ihn nach unten treiben.

Die Berge können uns viel Freude schenken,
doch müssen die Gefahren wir bedenken,
ein falscher Tritt, ein kurzer Augenblick,
für viele gibt es nie mehr ein Zurück.

Die Berge werden manchem zum Verhängnis,
und oft gerieten Wanderer in Bedrängnis,
drum, wer ein hohes Ziel nah vor sich hat,
verlasse niemals seinen sicheren Pfad!

Schlüssel

Schlüssel öffnen uns Türen,
lassen uns Räume betreten,
Schlüssel können verführen,
aber sie können auch retten.

Schlüssel erschließen uns Orte,
helfen uns Neues ergründen,
Schlüssel sind oftmals nur Worte,
die manches Geheimnis uns künden.

Schlüssel ermöglichen Spiele,
lassen im Freien uns warten,
Schlüssel besitzen wir viele,
auch ganz verschiedene Arten.

Schlüssel machen uns einsam,
wenn wir uns anderen verschließen,
lassen sich nützen gemeinsam,
Schlüssel erwerben uns Wissen.

Schlüssel lösen Probleme,
helfen in schwierigen Lagen,
wenn wir zu Hilfe sie nehmen,
einfach das Aufschließen wagen.

Schlüssel sind oft schwer zu finden,
passende gibt es nur selten,
wenn wir sie richtig verwenden,
öffnen sich andere Welten.

Bilder

Bilder zeigen uns Orte,
lassen das Ferne uns sehen,
sie sind genauer als Worte,
Bilder sind leicht zu verstehen.

Bilder schmücken die Räume,
bringen uns Szenen ganz nah,
Bilder beherrschen die Träume,
sind für uns jederzeit da.

Bilder verraten die Wahrheit,
wenn auch die Zeit längst vergangen,
bringen ins Dunkel sie Klarheit,
die oft von Nebel verhangen.

Bilder erinnern an Leute,
die unserem Auge entschwunden,
haben uns gestern und heute
oft schon mit Freunden verbunden.

Bilder sind Werke der Kunst,
sind für uns wertvoll und teuer,
sie zu besitzen ist Gunst,
Bilder verzieren Gemäuer.

Bilder sind Ausdruck des Lebens,
sie zu betrachten bringt Freude,
Zeugnisse menschlichen Strebens
sprechen von Schönheit und Weite.

Bilder ergänzen die Sprachen,
sind oftmals besser verständlich,
Bilder verleiten zum Lachen,
bleiben der Wirklichkeit ähnlich.

Bilder sind auch Fantasie,
Träume machen sie wahr,
Bilder verlassen uns nie,
wandern mit uns durch das Jahr.

Rätsel

Rätsel bergen das ganze Sein,
unsere Welt und die Natur,
immerzu, tagaus, tagein,
sind wir Rätseln auf der Spur.

Rätsel bringt das Menschenleben,
sie zu lösen ist nicht leicht,
doch des Menschen eifriges Streben
hat schon Lösungen erreicht.

Rätselhaft ist unsere Zeit,
niemals ist sie zu durchblicken,
raten macht die Sinne weit,
eine Antwort kann entzücken.

Rätsel liefern alle Tage,
raten musst du immer wieder,
Rätsel werden oft zur Plage,
rätselhaft erklingen Lieder.

Rätsel bergen unsere Taten
und sie lauern hinter Türen,
gar nicht leicht, sie zu erraten,
ein Geheimnis ist zu spüren.

Rätsel gibt es dort und hier,
gar in Rätseln sprechen wir,
Lösungen bringt oft die Zeit,
wenn wir wach sind und bereit.

Alles wird anders

Aus Brüdern werden Feinde,
aus Partnern Konkurrenten,
zu Gegnern werden Freunde,
vor Richtern Ehen enden.

Aus grünem Gras wird Heu,
aus Früchten saurer Most,
aus Alt wird niemals Neu,
das Eisen wird zu Rost.

Aus Kindern werden Leute,
Gesunde werden krank,
das Rudel wird zur Meute,
der Duft wird zum Gestank.

Die Liebe wird zu Hass,
Erfolg wird zur Misere,
die Tiere werden Aas,
von Unrat voll die Meere.

Die Arbeit wird zur Mühe,
Gewinn führt zum Bankrott,
aus Kälbern werden Kühe,
aus Überfluss wird Not.

Die Kleinen werden größer,
aus Pflänzchen werden Bäume,
aus Fohlen werden Rösser,
zu Kerkern werden Räume.

Die Reichen werden ärmer,
die Klugen zu Idioten,
die Pole werden wärmer,
aus weichen Pfötchen Pfoten.

Nach Trockenheit kommt Regen,
auf Wärme folgt der Frost,
nicht jedes Werk bringt Segen,
viel Leid bleibt ohne Trost.

Auf Helligkeit folgt Dunkel,
die Nacht löscht aus das Licht,
zur Stille wird Gemunkel,
Vergnügen wird zur Pflicht.

Die Steine werden Sand,
die Burgen zu Ruinen,
aus Hügeln ebenes Land,
die Grate schroffe Zinnen.

Die Schluchten werden enger,
die Täler werden weit,
Gesänge werden bänger,
auf Zeit folgt Ewigkeit.

Wanderung durch das Jahr

Froh lässt sich wandern über grüne Wiesen,
wenn uns das Frühjahr junges Gras beschert,
trotz aller Hoffnung müssen wir stets wissen,
dass jeder Anfang kurze Zeit nur währt.

Zur Ernte reif wird bald das bunte Feld,
und viele Blumen streuen ihre Samen,
ein jeder Halm den eigenen Sinn erhält,
und alle Blumen haben einen Namen.

Wir dürfen über Stoppelfelder schreiten,
die kahl und leer wie Matten vor uns liegen,
der laue Sommerwind wird jeden Schritt begleiten,
die Bäume säuselnd ihre Äste wiegen.

Verwelkt und müde wird das junge Gras,
auf das nur schwache Sonnenstrahlen scheinen,
es neigt die Zeit sich ohne Unterlass,
die Blätter mit der Erde sich vereinen.

Bald deckt der Schnee die kahle Landschaft zu,
die dann erstrahlt in neuer weißer Pracht,
es sinkt das Land in tiefe Winterruh',
denn kühl und lange ist die Winternacht.

So schreiten Menschen durch das ganze Jahr,
erleben Neubeginn und bitteres Ende,
es drängt die Zeit, die uns gegeben war,
erst nach dem Niedergang erfolgt die Wende!

Alltagsstress

Jeder Tag bringt neue Hetzereien,
dauernd soll man mehr tun, als man kann,
mancher möchte sich vom Stress befreien,
trotzdem fängt er stets von vorne an.

Immer wieder gibt es neue Pflichten,
sie zu erfüllen ist sehr oft nicht leicht,
Arbeit müssen täglich wir verrichten,
jeder Alltag vielen anderen gleicht.

Vieles macht uns unser Leben schwer,
überall herrschen Unrast, Zank und Neid,
nirgends ist für Sicherheit Gewähr,
Leid und Unglück gibt es jederzeit.

Ärger hemmt uns unsere gute Laune,
Schwierigkeiten stören die Gedanken,
mancher Vorsatz hängt an einem Zaune,
dass Vorwärtskommen hindern starke Schranken.

Jedes Leben läuft in mehreren Bahnen,
krumm und kurvenreich sind oftmals die Geleise,
wenn wir auch vom Ende gar nichts ahnen,
schafft doch jeder seine Zeit auf andere Weise.

Das Lächeln

Ein Lächeln ist fast wie ein Sonnenstrahl,
der plötzlich durch die dunklen Wolken dringt,
erfreut und tröstet Menschen überall,
da es zu jeder Zeit mit neuer Hoffnung winkt.

Es leuchtet auf gleich wie ein heller Stern,
der in der dunklen Nacht den Weg uns weist,
und wir erwidern jedes Lächeln gern,
wenn Freundschaft oder Liebe es verheißt.

Ein Lächeln schenkt uns wieder neuen Mut,
wenn wir am Ende unserer Kräfte angelangt,
es macht im Leben manches Unheil gut,
auch dann, wenn unser schwacher Wille schwankt.

Es kann mit vielen anderen uns verbinden
und Freude bringen, wo Bedrückte weinen,
im Fremden lässt es uns den Bruder finden,
auch Gegner kann es manchmal wieder einen.

Ein Lächeln kann zum kleinen Wunder werden,
kann schaffen, was kaum je der Macht gelingt,
es gibt so viel an Leid und Streit auf Erden,
ein Lächeln Freude in den Alltag bringt.

Zyklamen

Immer bleiben die Zyklamen
unter Blumen edle Damen,
blühen nicht das ganze Jahr,
das ist aber sonnenklar,
wollen sie doch mit den Rosen
nicht um ihre Schönheit losen.

Erst wenn dann der Herbst beginnt,
sie bereit zum Blühen sind,
aus den saftigen Blättern ragen
Stängel, die die Blüten tragen,
in der Sonne milden Strahlen
leuchten sie und sie gefallen.

Prächtig sind sie anzusehen,
rot und weiß, erhaben schön,
zieren sie uns unsere Räume,
Wehmut dringt in unsere Träume,
denn wir wissen es genau,
noch ist unser Himmel blau.

Doch es kommen trübe Tage,
voll von Trübsinn und von Klage,
und in diesen öden Zeiten
die Zyklamen uns begleiten,
als des Jahres später Gruß,
das bald Abschied nehmen muss.

Das ist Österreich

Wo hohe Berge an den Himmel grenzen
und Schnee und Eis im Sonnenlicht erglänzen,
wo über Klüfte Nebelschwaden ziehen,
an steilen Hängen Alpenblumen blühen,
ist Österreich, ein wahrhaft schönes Land.

Wo klare Seen in grünen Tälern träumen
und dunkle Wälder ihre Ufer säumen,
wo Flüsse weite Gegenden durchreisen,
wo noch lebendig sind die trauten Weisen,
ist Österreich, so wird das Land genannt.

Wo auf weiten Ebenen unser Brot gedeiht
und Menschen sind zum Fortschritt stets bereit,
wo noch Fleiß und Miteinander walten,
wo Künste einen eigenen Stil gestalten,
ist Österreich, in aller Welt bekannt.

Gedanken zu Allerheiligen

Ein Menschenstrom bewegt sich durch die Straßen,
zum Friedhof hin führt vieler Leute Gang,
und jener, die schon Zeit und Raum verlassen,
gedenken sie, manche ein Leben lang.

Ein Jahr strebt wieder schon dem Ende zu,
der Abschied ist für uns gar nicht mehr weit,
still legt sich müde die Natur zur Ruh'
und viel zu schnell vergeht für uns die Zeit.

An jene Menschen denken wir jetzt gern,
die unsere Wege einstmals mit uns teilten,
sie sind uns immer nahe, niemals fern,
wenngleich sie kurze Zeit mit uns auf Erden weilten.

Schneefall

Still und leise fällt der Schnee,
schwebt herab aus luftiger Höh',
deckt behutsam kahle Felder,
legt sich schützend auf die Wälder,

setzt den Zäunen Hauben auf,
türmt sich auf den Dächern auf,
hüllt die öde Landschaft ein,
macht die Luft uns frisch und rein.

Graue Wolken hängen nieder,
schon hat uns der Winter wieder,
Kälte, Eis und Frost und Wind
ständige Begleiter sind.

Glatt vom Eise sind die Straßen,
menschenleer, öd und verlassen,
denn es hat die weiße Pracht
kalte Zeiten uns entfacht.

Frostige Ruh' umhüllt die Seen,
kalte Winde stürmisch wehen,
Bächlein schlummern unterm Eis,
unsere Welt erstrahlt in Weiß.

Wenn der Wintersonne Strahlen
tröstend auf die Erde fallen,
blicken wir dann wie gebannt
in ein Winterwunderland.

Nach trüben Tagen

Irgendwann nach trüben Tagen
kommt die Sonne doch hervor,
langsam, aber ohne Zagen
dringt sie durch den Wolkenflor.

Heiter schickt sie ihre Strahlen,
spendet Wärme, Kraft und Licht,
wo sie auf die Erde fallen,
sie die Macht des Dunkels bricht.

Immer kann sie uns nicht lachen,
doch dem Tag schenkt sie das Licht,
sie wird Leben neu entfachen
und ermöglicht uns die Sicht.

Bäume im Alltag

Bäume verschönern das Land,
machen die öde Welt heiter,
und in verschiedenem Gewand
sind sie uns Menschen Begleiter.

Bäume behindern die Sicht,
lassen uns vieles nicht schauen,
Bäume verdunkeln das Licht,
Bäume bewirken Vertrauen.

Bäume schützen vor Regen,
sind ein natürliches Dach,
schmücken die Ränder von Wegen,
wachsen am murmelnden Bach.

Bäume spenden uns Schatten,
Kühlung bei sengender Glut,
drunter auf grünenden Matten
ruhen und träumen wir gut.

Bäume wehren die Winde,
wanken und biegen sich sacht,
stark ist und rau ihre Rinde,
kennen den Tag und die Nacht.

Bäume sind Zuflucht und Wohnung
Vögeln und anderem Getier,
Bäume bedürfen der Schonung,
sind für uns Nutzen und Zier.

Bäume ertragen den Frost,
eisige Winde und Schnee,
beugen im Sturm sich getrost,
spiegeln sich im kühlen See.

Bäume erzeugen uns Wärme,
machen gemütlich das Haus,
und von des Alltags Gelärme
ruhen wir bei ihnen aus.

Bäume sind unsere Gefährten
auf unserem Weg durch die Zeit,
vieles den Menschen sie lehrten,
auch das, zu ändern das Kleid.

Weine nicht um vergangene Zeit!

Trauere nicht um Jugendjahre,
sie sind schnell dahin,
murr nicht über graue Haare,
denn sie haben Sinn.

Denk gern an der Jugend Wonne,
wenn sie ist vorbei,
auch den Älteren scheint die Sonne
täglich wieder neu.

Freu dich über Kleinigkeiten,
die die Zeit dir brachte,
denke gern an jene Zeiten,
als das Glück dir lachte.

Immer vorwärts, kein Zurück
kennt das Erdenleben,
auch ein kurzer Augenblick
kann Erfüllung geben.

Eine gute alte Zeit
hat es nie gegeben,
Fortschritt bringt uns Glück und Leid,
vorwärts sollst du streben.

Schätze die Vergangenheit,
sie gehört zu dir,
für die Zukunft sei bereit,
lebe jetzt und hier!

Regentropfen

Viele kleine Regentropfen
sachte an mein Fenster klopfen,
grüßen von den fernen Höhen,
wo die Regenwolken ziehen,
trommeln ihre Lieblingsweise,
fallen dann zur Erde leise,
lassen sprießen grüne Pflanzen,
fröhlich lässt der Wind sie tanzen.

Diese zierlichen Gebilde
netzen dürstende Gefilde,
laben jedes Lebewesen,
lassen Trockenheit vergessen,
lindern die Gewitterschwüle,
spenden angenehme Kühle,
reinigen die Luft vom Staub,
dringen durch das dürre Laub.

Tröpfchen schimmern an den Zweigen,
Blüten durch das Nass sich neigen,
von den Dächern, von den Bäumen,
fallen Tropfen ohne Säumen,
nach der Reise Ungemach
landen einige im Bach,
die mit Wolken fortgezogen,
bilden einen Regenbogen.

Erwachen in der Natur

Mücken schwirren, Bienen summen,
Vögel pfeifen, Käfer brummen,
Winde säuseln in den Zweigen,
heiter ist der Frühlingsreigen,
bunter ist die Zeit geworden,
Kälte herrscht nur noch im Norden.

Bächlein rieseln plätschernd, leise
machen sie sich auf die Reise,
um zu laben alle Pflanzen,
dürre Blätter raschelnd tanzen,
während auf noch kahlen Bäumen
schon die jungen Knospen träumen.

Milde, helle Sonnenstrahlen
auf die kühle Erde fallen,
Menschen jubeln vor Entzücken,
wenn die Wunder sie erblicken,
die uns täglich jetzt erwarten
auf den Wiesen und im Garten.

Wieder sind wir nun befreit
von der kalten, strengen Zeit,
unsere Welt wird endlich neu,
und wir atmen wieder frei,
freudig dürfen wir genießen,
wenn die ersten Blumen sprießen.

Leichter ist jetzt unser Sinn,
gern bereit zum Neubeginn,
neue Saaten werden reifen,
Chancen können wir ergreifen,
was mit frohem Mut begann,
ein Erfolg noch werden kann.

Unheilbar

Den Fortschritt gibt es ständig zwar,
die Forschung feiert Siege,
mehr Wissen bringt uns jedes Jahr,
doch noch immer dauern Kriege.

Viel Linderung erfahren Schmerzen,
Erlösung löscht die Pein,
doch tief in vieler Menschen Herzen
wird niemals Friede sein.

Arzneien warten viele,
das Kranksein zu bekämpfen,
doch unerreichte Ziele
uns Mut und Hoffnung dämpfen.

Wir nützen Therapien,
die uns Erleichterung schaffen,
für heikle Strategien,
da fehlen uns die Waffen.

Gesund und kräftig bleiben,
das wünschen wir uns alle,
manch Übel wir vertreiben,
ein Leiden wird zur Falle.

Die Wissenschaft geht weiter,
da staunen wir fürwahr,
trotz Weisheit bleibt doch leider
oft Krankheit unheilbar.

Winterausklang

Hell erstrahlt der Sonnenschein,
bald wird wieder Frühling sein,
rasch verschwinden letzte Reste
von des Winters eisigem Feste.

Im Gebüsch und unter Hecken
erste Blümchen sich verstecken,
auf den öden, kahlen Wiesen
schon die ersten Gräser sprießen.

Froher tönt der Glockenklang,
lauter schallt der Vogelsang,
und unzählig viele Mücken
sich im Sonnenlicht erquicken.

Käfer krabbeln aus der Erde,
ahnend, dass es Frühling werde,
sanft und mild weht jetzt der Wind,
und der letzte Schnee zerrinnt.

Jeder Morgen kündet neu,
dass die eisige Zeit vorbei,
die Natur ist schon befreit
von Dunkelheit und Winterleid.

Überall aus jedem Tor
treten Menschen nun hervor,
um das Frühjahr zu begrüßen,
das sie lange mussten missen.

In der Stadt und auf dem Lande
knüpft der Frühling seine Bande,
er lässt neues Leben sprießen,
alle dürfen es genießen!

Rückblick auf ein Jahr

Müde geht das alte Jahr zu Ende,
wieder war es nur ein Augenblick,
doch wie jedes Mal zur Jahreswende
blicken gerne wir nochmals zurück.

Wenn wir auch das Glück noch nicht gefunden,
mussten Schweres oft und Leid ertragen,
brachte es doch viele schöne Stunden
uns mit seinen sonnig-heiteren Tagen.

Sehnsuchtsvoll wir haben gern geträumt,
Wünsche konnten in Erfüllung gehen,
haben zwar viel Wichtiges versäumt,
unsere Erde wird sich sicher weiter drehen.

Leid und Freude lagen nahe beieinander,
Glück und Unglück gab es jederzeit,
und ein Abschnitt, ein noch unbekannter,
steht uns für die Zukunft jetzt bereit.

Viel gelernt wir haben und erfahren,
Höhen kannten wir und dunkle Tiefen,
für Sekunden wir oft wirklich glücklich waren,
doch Momente kamen, da wir laut um Hilfe riefen.

Wieder wollen wir die Wende überschreiten,
um mit frischer Kraft ein neues Jahr zu wagen,
mag die Ungewissheit Ängste auch bereiten,
jetzt am Anfang sei kein Zittern und kein Zagen!

Dummheit

Die Dummheit liegt im Menschen drin,
da gibt es keine Medizin,
zu lernen gäbe es viel darum,
doch manche bleiben gerne dumm.

Dummheit versäumt Gelegenheiten,
sie übersieht die besten Zeiten,
und durch manch unbedachtes Wort
sind schnell die größten Chancen fort.

Dummheit schätzt die Gefahr gering,
viele Fehler durch sie man beging,
bringt viele um ihr Hab und Gut,
führt mit sich auch den Übermut.

Dummheit wartet auf Gewinn,
bringt der Gesundheit den Ruin,
gefährdet anderer Leben oft,
unwissend sich Erfolg erhofft.

Dummheit lässt Völker sich bekriegen,
sie lässt das Böse oftmals siegen,
sie fördert Zwietracht, Zank und Streit,
zur Einsicht ist sie nicht bereit.

Sie stört den Frieden, schürt den Hass,
sie gleicht dem bodenlosen Fass,
die Dummheit wächst und pflanzt sich fort,
verdreht gern manches wahre Wort.

Und wenn die Dummheit erst regiert,
der Zustand immer schlimmer wird,
da können wir nichts tun als hoffen,
dass es nicht kommt zu Katastrophen.

Dummheit, die kennt keine Schranken,
bring ihre Sicherheit ins Wanken,
bekämpfe und beschränke sie,
ausrotten wirst du sie nie!

Wolken

Über Berge, über Meere
ziehen große Wolkenheere,
wandern ständig mit dem Wind,
nirgendwo am Ziel sie sind.

Manchmal werden sie zu schwer,
keine Strömung trägt sie mehr,
dann ergießen sie ihr Nass
erdwärts ohne Unterlass.

Oftmals doch sie harmlos reisen,
tanzen zu des Windes Weisen,
kennen keine Ländergrenzen,
in der Sonne Schein sie glänzen.

Zeitweise ganz nah heran
kommen sie der Erde dann,
stoßen sich an Bergesgipfeln
und an hoher Bäume Wipfeln.

Wolken künden uns den Regen,
können schnell sich fortbewegen
oder bleiben immerfort
lange Zeit an einem Ort.

Wenn sie drohend dunkel sind,
ein Gewitter oft beginnt,
Blitz und Donner sie erzeugen,
lassen dann die Wasser steigen.

Sie verdunkeln unsere Tage,
bringen schlechte Wetterlage,
sie verdüstern unser Land,
Regenbringer oft genannt.

Kleine Wölkchen weit und breit,
die erzeugen Heiterkeit,
zieren schön des Himmels Blau,
zeigen Hochdruck ganz genau.

Wenn am Horizont des Lebens
du die Sonne suchst vergebens,
weil die Wolken düster sind
und daraus der Regen rinnt,

warte, bis der Wind sich wendet
und die Wolkenzufuhr endet,
wenn die Wölkchen werden klein,
dann siehst du den Sonnenschein.

Nebel

Nebel hüllt die Landschaft ein,
den durchdringt kein Sonnenschein,
überall ist alles grau,
nicht zu seh'n des Himmels Blau.

Bäume, Häuser und auch Straßen
sich nicht gut erkennen lassen,
und des Nachts der Lichter Schein,
alles hüllt der Nebel ein.

Lenkern, denen nimmt er Sicht,
und Gefahren sieht man nicht,
durch die Wälder, durch die Auen
ziehen Schwaden, diese grauen.

Über Felder, durch die Gassen
wallen feuchte, graue Massen,
decken vieles freundlich zu,
Frieden spendend und in Ruh'.

Es ist eine trübe Zeit,
wochenlang ein Nebelkleid,
wenig Licht, kein Sonnenstrahl,
dichter Dunst im ganzen Tal.

Alles sehnt sich nach dem Tag,
wann die Sonne scheinen mag
und durchbricht die Nebelwand,
Düsterkeit wird nun gebannt.

Mensch und Tiere atmen auf,
wenn der Nebel steigt hinauf
und bedrückt nicht das Gemüt,
nun man alles klarer sieht.

Hochwasser

Es gießt in Strömen Nacht und Tag,
niemand ins Freie gehen mag,
kein Mensch geht gerne aus dem Haus,
und auch kein Tier treibt man hinaus.

Das Wasser steigt in Bach und Flüssen,
doch es hört noch nicht auf zu gießen,
im See das Wasser steigt und steigt,
im Keller es sich auch schon zeigt.

Nun überschwemmt es Äcker, Wiesen,
um über Straßen dann zu fließen,
dort hindert es oft den Verkehr,
im Einsatz ist die Feuerwehr.

Von Bergen stürzen Wassermassen,
die sich von keinem zähmen lassen,
sie lockern Muren und Geröll,
ein Chaos bahnt sich an ganz schnell.

Wo es sein Werk gründlich verrichtet,
da werden Ernten gar vernichtet,
Gebäude werden auch zerstört,
bevor es auf zu regnen hört.

Der Wald, er speichert bald nicht mehr,
die Bächlein fließen wild daher,
viel Erdreich und loses Gestein
kommen dadurch in den Fluss hinein.

Gewässer sind jetzt schmutzig braun
und gar nicht mehr schön anzuschau'n,
das Wasser bringt viel Unrat her,
zum Baden lockt es nun nicht mehr.

Doch ist das Hochwasser vorbei,
erstrahlt die Landschaft wieder neu,
die Menschen schöpfen wieder Mut
und vieles wird auch wieder gut.

Gebirge

Gleich Zeugen einer Ewigkeit
so überdauern sie die Zeit,
Jahrtausende, Jahrmillionen,
in heißen wie in kalten Zonen.

Gebirge ragen hoch empor,
aus Wasser und aus Land hervor,
stumm künden sie von frühen Tagen
der Erde und sie alle tragen

Zeichen der Zeiten im Gestein,
sie können für uns Lehrer sein
und lösen Rätsel unserer Welt,
nach denen sich die Frage stellt.

In allem Werden und Vergehen
sie Jahrmillionen überstehen,
hoch und erhaben, mächtig, groß,
wir Menschen können staunen bloß.

Sie sind Symbol für Sicherheit,
Standfestigkeit zu jeder Zeit,
wenn auch der Sturm darüber fegt,
sie bleiben immer unbewegt.

Wenn dichte Wolken sie bedrängen,
der Regen fällt an ihren Hängen,
Eis und Schnee decken Gipfel zu,
sie halten stand, schweigend in Ruh'.

Sie trotzen tapfer den Gewalten
der Natur, bleiben erhalten,
nur langsam kommt es zu Verfall,
denn Witterung wirkt überall.

Sie können in Gefahr auch bringen
einen, der sorglos sie besteigt,
um einen Gipfel zu bezwingen,
die Bergwelt ihre Tücken zeigt.

Wenn du den Gipfel hast erreicht,
dann schaue in die weite Ferne,
der Überblick, der fällt dir leicht,
ganz oben sein, das willst du gerne.

Doch denk daran, wer hoch gestiegen,
muss irgendwann nach unten gehen,
in Gegenden, die tiefer liegen,
ist auch das Niedrige zu sehn.

Die Berge lassen, strahlend schön,
die Sonne auf- und untergeh'n,
im steten Wandel unsrer Zeit
uns denken an die Ewigkeit.

Brücken

Wenn Menschen wollen näher rücken,
benötigen sie dringend Brücken,
sie stellen die Verbindung her,
die ohne sie ist meistens schwer.

Sie überspannen Täler, Gräben,
und machen das Gelände eben,
sie kürzen ab auch unsere Wege,
die kleinen Brücken heißen Stege.

Von Brücken schauen wir ins Tal,
von oben scheint der Weg so schmal,
wir blicken über das Geländer,
gefährlich sind die Brückenränder.

Entfernungen sie für uns mindern,
weil Hindernisse uns nicht hindern,
verkürzen dabei auch die Zeit,
das Ziel steht früher uns bereit.

Verbinden Länder sie und Staaten,
an ihrem Ende Zöllner warten,
wenn auch an Trennung ist gedacht,
ein Übergang wird leicht gemacht.

Wenn Brücken brechen, alles steht,
viel Menschliches verloren geht,
und keine Freundschaft man gewinnt,
wenn Brücken abgebrochen sind.

Von Mensch zu Mensch und mit Vertrauen,
da sollen auch wir Brücken bauen,
denn Wege der Verständigung,
die führen zur Veränderung.

Wir wollen Brücken uns erhalten,
die Übergänge leicht gestalten,
die Wege zueinander finden,
Gemeinsamkeit dadurch begründen.

Mauern

Stabil und haltbar sind die Mauern,
erbaut sind sie von Menschenhand,
Jahrhunderte sie überdauern,
aus früher Zeit man Mauern fand.

Sie schützen uns vor Wind und Wetter,
sie geben uns auch Sicherheit,
sie dienen oftmals gar als Retter
und stehen stets zum Schutz bereit.

Gefahren können sie verhindern,
die Mächtigkeit schafft Zuversicht,
Naturgewalten sie auch lindern,
weil eine Mauer nicht leicht bricht.

Die Wände trennen uns die Zimmer,
sie schaffen Wohnungen und Räume,
Gemauertes ist haltbar immer,
es ist beständiger als Bäume.

Auch schützen Mauern unsere Straßen
und manche Täler vor Lawinen,
wo Menschen Mauern bauen lassen,
da sollen sie den Menschen dienen.

Doch baut man manchmal hohe Mauern,
um Teilung dadurch zu erreichen,
spät stellt man fest dann mit Bedauern,
die Mauern sind der Trennung Zeichen.

Sie sollen schützen, doch nicht trennen,
beständig, nicht behindernd sein,
wir sollen Möglichkeiten kennen,
die von Ummauerung befrei'n.

Bedrohlich wirken sie und kalt,
sie flößen Ehrfurcht ein und Schaudern,
an ihnen mancher Ton verhallt,
sie zu bezwingen lässt uns zaudern.

Wenn einer Mauern übersteigt,
betritt danach die andere Seite,
die Wege der Verständigung zeigt
die mauerlose, ebene Weite.

Die Mauern trennen Völker, Staaten,
teilen die Erde ein in Zonen,
helft überwinden sie durch Taten,
lasst Menschen neben Menschen wohnen.

Vergänglichkeit

Jugend und Schönheit vergehen,
Blumen müssen verblühen,
Glück wird im Winde verwehen,
Wolken über uns ziehen.

Nichts ist beständig auf Erden,
alles verändert die Zeit,
was war, wird niemals mehr werden,
Freude folgt öfter auf Leid.

Menschen werden geboren,
einst hat die Erde sie wieder,
Dinge gehen verloren,
leise verhallen die Lieder.

Wasser ergießt sich in Täler,
reißende Fluten zerstören,
Staaten verändern die Wähler,
rauschende Feste betören.

Berge geraten ins Wanken,
Flüsse suchen den Lauf,
Meinungen sind stets im Schwanken,
mancher gibt vor dem Ziel auf.

Kranke erfahren Genesung,
Trauernde finden den Trost,
dauernd geschieht uns Erlösung,
Wärme beendet den Frost.

Schwache erwerben sich Stärke,
Mächtige stürzen vom Thron,
wandelbar sind alle Werke,
ungerecht ist oft der Lohn.

Antwort folgt auf viele Fragen,
jedem April folgt ein Mai,
und auch die schrecklichsten Plagen
sind oft sehr schnell schon vorbei.

Auf jeden Regen folgt Sonne,
auf jede Blüte die Frucht,
Trübsinn weicht wieder der Wonne,
Taten drängen zur Flucht.

Wir sind immer auf Reisen
quer durch die Welt und die Zeit,
was uns ein Schicksal verheißen,
steht uns vielleicht noch bereit.

Einsicht

Ich achte jetzt die wundersamen Dinge,
die eine gütige Natur uns ständig schafft,
und dass ein waches Leben mir gelinge,
dazu gibt jeder Tag mir neue Kraft.

Ich staune über Gräser und die Blumen,
an denen achtlos ich vorüberging,
ich höre wieder die Insekten summen,
die Kleinigkeiten sind nicht mehr gering.

Ich höre Vögel zwitschern auf den Bäumen,
die Tiere sind für mich nun wie Gefährten,
genieße es, in lauer Luft zu träumen,
Gedanken mich ein anderes Leben lehrten.

Die Bäume sind Begleiter durch die Zeit,
sie zeigen Wege uns zum Überleben,
und wer trotz Unglück hoffnungsvoll bereit,
für den nur kann es neues Wachstum geben.

Ein Wasserfall gibt Anlass mir zum Sinnen,
im Wald sind viele Wunder still verborgen,
es wächst der Mut, noch Neues zu beginnen,
und weit zurück lass ich dann meine Sorgen.

Ich lausche auf den Wind und auf den Regen,
vertraut sind mir die Stimmen der Natur,
wenn Blätter sanft sich in der Luft bewegen,
dringt an mein Ohr ein leises Säuseln nur.

Der Wellen Rauschen wirkt auf mein Gemüt,
ein Hauch von Ewigkeit lässt sich darin erfahren,
ein Adler, der am Himmel Kreise zieht,
ermutigt uns, die Freiheit zu bewahren.

Die Berge zu betrachten schenkt mir Kraft,
ihr Anblick lässt in Höhen mich entschweben,
und wer schon einen Gipfel hat geschafft,
für den wird Niedriges es kaum noch geben.

Ich sehe Menschen ihrer Wege gehen
und suche ihre Taten zu begreifen,
ich lerne Menschliches besser zu verstehen,
die Wunder unseres Daseins zu durchstreifen.

Dies alles lehrte eine Krankheit mich,
die mich vor Jahren traf mit ihrer Härte,
bewusster meinen Tag gestalte ich,
Ereignisse jetzt anders ich bewerte.

Viel wacher lebe seither ich mein Leben,
begreife einen ungeahnten Sinn,
wird es auch keine Heilung für mich geben,
ein jeder Tag bedeutet mir Gewinn.

Die Autorin

Gertrud Lahnsteiner wurde 1946 in Ebensee, Österreich, geboren. Nach der Matura machte sie eine Ausbildung zur Volksschul- und Hauptschullehrerin, als solche spezialisierte sie sich auf die Fächer Mathematik, Englisch und Geografie. 1971 heiratete sie. Sie hat drei inzwischen erwachsene Kinder.
1995 wurde sie pensioniert und entdeckte kurz darauf ihre Leidenschaft fürs Schreiben. Seitdem hat sie mehrere Gedichtbände in Mundart veröffentlicht. Sie erhielt verschiedene Auszeichnungen, sowie 2011 das „Ehrenzeichen in Silber für Verdienste um den Stelzhamerbund und die Mundartdichtung in Oberösterreich". Sie betrachtet es als ihr Lebensmotto, in ihren Werken, ob Mundart oder Schriftsprache, immer wieder das Positive in den Vordergrund zu stellen und auf diese Weise ihre Gedanken an ihre Mitmenschen weiterzugeben, so auch in ihrem Gedichtband „Wind weht überall".
Neben dem Schreiben ist Musik, besonders das Singen im Kirchenchor Ebensee, ihre große Leidenschaft.